AF372837

Cuentos de fútbol / Mempo Giardinelli ...<et. al> ; selección Federico Díaz-Granados. -- Bogotá: Editorial Magisterio, 2005.

116p. ; cm.-- (Colección Montaña Mágica)

ISBN: 978-958-20-0437-8

1. Cuentos - Colecciones 2. Fútbol - Cuentos I. Giardinelli, Mempo, 1947-

II. Díaz-Granadoz, Federico, 1974-, comp. III. Serie

808.83 cd 19 ed.

AGJ8027

CEP - Biblioteca Luis-Angel Arango

CUENTOS DE FUTBOL

SELECCIÓN
FEDERICO DÍAZ-GRANADOS

Colección Montaña Mágica

Título original de la obra: CUENTOS DE FÚTBOL
Primera edición: 1998.
Esta reimpresión: 2018.

©   Selección, Federico Díaz - Granados
©   Cooperativa Editorial Magisterio
       Diag. 36 Bis *(Parkway La Soledad)* No. 20-70 PBX: 3383605
       Bogotá, D.C. Colombia
       www.magisterio.com.co
       info@magisterio.com.co

Dirección General: Alfredo Ayarza Bastidas
Dirección Editorial: Pío Fernando Gaona Pinzón

Ilustraciones internas y de carátula: José Luis Tawa

ISBN Libro: 978-958-20-0437-8

*A
Sebastián,
para que sea un hincha de la
gran literatura y el buen fútbol*

FÚTBOL Y LITERATURA: CRUCE DE CAMINOS EN EL AZAR DE LA VIDA

Sin duda, tanto el fútbol como la literatura constituyen dos acontecimientos absolutamente impredecibles, talvez como la vida misma; y, ante todo, inciertos en un continente que se ha visto sumergido en una ancha geografía del miedo, la desmemoria y la muerte, que ha logrado quebrar las distintas fronteras que demarcan sus territorios, precisamente gracias a estas dos estaciones tan mágicas y misteriosas de la existencia.

El fútbol moviliza a miles de fanáticos quienes acuden a la tribuna para presenciar el lúdico espectáculo en torno al misterio del gol. Allí contemplan la éstetica que combina los colores de un equipo con la fuerza física y el pensamiento; dicha unión es un claro reflejo de la vida: las normas y estrategias se encuentran con la incertidumbre y el desafío de lo que pueda ocurrir cuando los equipos salten al césped.

La literatura, a su vez, revela esos universos que se hospedan en las entrañas del hombre, para exorcizarlos y convertirlos en fantasmas, en mundos imaginarios donde se halla la materia prima de la memoria.

El presente volumen no pretende más que ser un cruce de caminos entre dos aventuras que zarpan del alma humana y de las cosas, para desprenderse de la realidad y desarrollar, a través de ellas, sentimientos de admiración, de oposición y de creación.

Sin embargo, aunque este cruce de caminos se viene dando desde la edad antigua, cuando el poeta griego Píndaro cantó a los atletas en sus *Epinicios* (o cantos a la palestra deportiva), ha sido el siglo XX el que ha despertado ese espíritu olímpico en los escritores, en especial, el espíritu de pasión por el fútbol.

Mientras en muchos autores, norteamericanos, generalmente primaban los diamantes de beisbol y cuadriláteros de boxeo, en otros el estadio, el árbitro y veintidós jugadores han sido sus protagonistas. Bastaría recordar cómo Henri de Montherlant, lanza en la Francia de la posguerra, en 1918, su novela *Los once ante la puerta dorada*, o cómo Albert Camus, el célebre autor de *El extranjero*, sentenciaba en su *Elogio del gol* "que la patria es la selección del fútbol", en aquellos tiempos en que le hacía gambetas a la palabra para desempeñarse como arquero de la selección Argelia; y más recientemente se aprecian los casos de Eduardo Galeano, escritor uruguayo o de Jorge Valdano, goleador con la selección Argentina que conquistó el título mundial en Mexico 86 y actual director técnico y analista deportivo, quien recopiló una completa antología de cuentos de fútbol, con el fin de saldar viejas deudas con sus maestros en ambas actividades y confirmar que tanto el fútbol como la literatura son dos juegos que se buscan el uno al otro.

Así como la literatura ha sido piedra angular en la construcción de las distintas sociedades a lo largo de la historia, el fútbol ha sido un protagonista de primera línea en los acontecimientos que han trazado el siglo XX.

Mientras los distintos círculos de poder siempre han coqueteado con los artistas para que ellos contribuyan a edificar la historia oficial,los primeros se han aprovechado en esta centuria para promover sus ideas, de la convocatoria masiva del fútbol.

Benito Mussolini se valió del mundial de Italia en 1934 para demostrar, a como diera lugar, que el hombre educado en la sociedad fascista era superior y, con tal fin, nacionalizó a varios destacados jugadores argentinos para que aseguraran que el título se quedara en Italia; lo mismo ocurrió con el General Videla cuando se sirvió del Mundial, organizado bajo su dictadura en Argentina 1978, para maquillar su régimen en momentos en los que llovían denuncias de todo el mundo por la violación de los derechos humanos. Habría nada más que recordar la polémica que desató el conocido escritor Jorge Luis Borges, quien abandonó Argentina para no presenciar el Mundial, en una clara demostración de indiferencia al fútbol, lo que le valió el reclamo de varios de sus compatriotas que le recordaron que a diferencia de ese autoexilio, había permanecido en el país y en silencio cuando estaban ocurriendo las desapariciones y las torturas.

En fin, al igual que en la ficción, también en la realidad hay héroes, y en nuestros países parece que fueran los futbolistas quienes nos exilian de la guerra. No en vano los grandes jugadores del continente han salido de las *Favelas* en Brasil; de los *Pueblos jóvenes,* esos sectores marginales donde las improvisadas viviendas carecen de techo, en Perú; de las *Comunas* y abandonados puertos costeros en Colombia; de los *suburbios* de Buenos Aires, o de las *Zonas periféricas* de Montevideo, territorios que también han alimentado a los escritores para crear fantasmagóricas aldeas cercanas a la *Comala* de Juan Rulfo.

Siete autores son la línea titular de este texto. Algunos prosistas de amplia trayectoria en el género y un poeta colombiano que se desplaza con sus imágenes líricas a los terrenos de la narrativa para recrear la átmosfera del fútbol.

Reciba usted estos *Cuentos de fútbol* bajo un imaginario cántico de la *Torcida*, los *Gamberros*, los *Hooligans* o las *Barras bravas*. Reciba un testimonio de dos aventuras que sobreviven a los idiomas y a los conflictos, sobre todo si su vida transcurre en un país donde ésta empata el partido con la muerte y deben definir día a día por tiros desde el punto penal.

Federico Díaz-Granados

MEMPO GIARDINELLI

Escritor y periodista argentino nacido en 1947. Director durante varios años de la desaparecida revista *Puro cuento*. Entre sus obras más destacadas se encuentran *La revolución en bicicleta, El cielo con las manos, Imposible equilibrio* y un apasionante recorrido por el siglo XX a través de la historia de una familia de inmigrantes italianos en la Argentina, titulado *El santo oficio de la memoria,* por el cual fue galardonado con el Premio Internacional de Novela "Rómulo Gallegos", en Caracas, Venezuela. Su quehacer literario siempre ha estado ligado a las cotidianidades urbanas, la reflexión sobre el oficio de escribir y las realidades que rodean su entorno social y cultural, donde se plasman las distintas dictaduras militares y los intentos revolucionarios en América del sur. Del libro *Vidas ejemplares,* publicado en Editorial Norte, Hannover, 1981, fue tomado el siguiente relato.

EL HINCHA

El 29 de diciembre de 1968, el Club Atlético Vélez Sársfield derrotó al Racing Club por cuatro tantos a dos. A los noventa minutos de juego, el puntero Omar Webbe marcó el cuarto gol para el equipo vencedor que, diez segundos después, se clasificaba campeón nacional de fútbol por primera vez en su historia. A la memoria de mi padre, que murió sin ver campeón a Vélez Sársfield.

–¡Goooooool de Vélesárfiiiiiilllllll! –gritaba Fioravanti. –¡Gol! ¡Golazo, carajo! –saltó Amaro Fuentes, golpeándose las rodillas, frente al radiorreceptor.

Había soñado con ese triunfo toda su vida. A los sesenta y cinco años, reciente jubilado de correos y todavía soltero, su existencia era lo suficientemente regular y despojada de excitaciones como para que sólo ese gol lo conmoviera, porque lo había esperado innumerables domingos, lo había imaginado y palpitado de mil modos diferentes. Nacido en Ramos Mejía, cuando todo Ramos era adicto al entonces Club Argentinos de Vélez Sársfield, Amaro estaba seguro de haber aprendido a pronunciar ese nombre casi simultáneamente con la palabra "papá", del mismo modo que recordaba que sus primeros pasos los había dado con una pequeña pelota de trapo entre los pies, en el patio de la casona paterna, a cuatro cuadras de la estación del ferrocarril, cuando todavía existían potreros y los chicos se reunían a jugar al fútbol hasta que poco a poco, a medida que se destacaban, acercándose al club para alistarse en la novena división.

Ya desde entonces, su vida quedó ligada a la de Vélez Sársfield (de un modo tan definitivo que él ignoró por bastante tiempo), quizá porque todos quienes lo conocieron le auguraron un promisorio futuro futbolístico sobre todo cuando llegó a tercera, a los diecisiete años, y era goleador del equipo; pero acaso su ligazón fue mayor al morir su padre, un mes después de que le prometieron el debut en primera, porque tuvo que empezar a trabajar y se enroló como grumete en los barcos de la flota Mibanovich y dejó de jugar, con ese dolor en el alma que nunca se le fue, aunque siempre conservó en su valija la camiseta con el número nueve en la espalda, viajara donde viajara, por muchos años, y aún la tenía cuando ascendió a Primer Comisario de a bordo, en los buques que hacían la línea Buenos Aires–Asunción–Buenos Aires, y también aquel día de mayo de 1931, cuando el "Ciudad de Asunción" se descompuso en Puerto Barranqueras y debieron quedarse cinco días y él, sin saber muy bien por qué, miró largamente esa camiseta, como despidiéndose de un muerto querido y decidió no seguir viaje, de modo que desertó y gastó sus pocos pesos en el Hotel Chanta Cuatro, después vendió billetes de lotería, creyó enamorarse de una prostituta brasileña que se llamaba Mara y que murió tuberculosa, trabajó como mozo en el Bar La Estrella y se ganó la vida haciendo changas hasta que consiguió ese puestito en el correo, como repartidor de cartas en la bicicleta que le prestaba su jefe.

Desde entonces, cada domingo implicó, para él, la obligación de seguir la campaña velezana, lo que le costó no pocos disgustos: durante casi cuarenta años debió soportar las bromas de sus amigos, de sus compañeros del correo; de la barra de La Estrella, porque en Resistencia todos eran de Boca o de River, y cada lunes la polémica lo excluía porque los jugadores de Vélez no estaban en el seleccionado, nunca encabezaban las tablas de goleadores, jamás sus arqueros eran los menos vencidos, y Cosso, goleador en el '34 y en el '35, Conde en el '54, Rugilo, guardavallas de la selección (quien se había erigido como héroe mereciendo el apodo de "El León de Wembley"), eran sólo excepciones. La regla era la mediocridad de Vélez y lo más que podía ocurrir era que se destacara algún jugador, el que al año siguiente sería comprado, seguramente, por algún club grande. Y así sus ídolos pasaban a ser de Boca o de River. Y de sus amigos, de sus compañeros de la barra.

Claro que había tenido algunas satisfacciones: en 1953, por ejemplo, el glorioso año del subcampeonato, cuando el equipo terminó encaramado al tope de la tabla, sólo detrás de River. O aquellas temporadas en que Zubeldía, Ferrero, Marrapodi en el arco, Avio, Conde, formaban equipos más o menos exitosos. Todos ellos pasaron por la selección nacional: Ludovico Avio estuvo en el Mundial de Suecia, en 1958, y hasta marcó un gol contra Irlanda del Norte. Amaro había escuchado muy bien a Fioravanti, cuando relató ese partido desde el otro lado del mundo, y se imaginó a Avio vistiendo la celeste y blanca, en Estocolmo, admirado por miles y miles de rubios todos igualitos, como los chinos, pero al revés, y por eso no le importó que a Carrizo los checoslovacos le hicieron seis goles, total Carrizo era de River.

Amaro podía acordarse de cada domingo de los últimos treinta y siete años porque todos habían sido iguales, sentado frente a la vieja y enorme radio, durante casi tres horas, en calzoncillos, abanicándose y tomando mate mientras se arreglaba las uñas de los pies. Entonces no se transmitían los partidos que jugaba Vélez; sólo se mencionaba la formación del equipo, se interrumpía a Fioravanti cada vez que se convertía un gol o se iba a tirar un penal, y al final se informaba la recaudación y el resultado. Pero era suficiente.

Todos los lunes a las seis menos cuarto, cuando iba hacia el correo, compraba *El Territorio* en la esquina de la catedral y caminaba leyendo la tabla de posiciones, haciendo especulaciones sobre la ubicación de Vélez, dispuesto a soportar las bromas de sus compañeros, a escuchar los comentarios sobre las campañas de Boca o de River.

Genaro Benítez, aquel cadetito que murió ahogado en el río Negro, frente al Regatas, siempre lo provocaba:

–Che, Amaro, ¿por qué no te hacés hincha de Boca, eh?

–Callate, pendejo –respondía él, sin mirarlo, estoico, mientras preparaba su valija de reparto, distribuyendo las cartas calle por calle, con una mueca de resignación y tratando de pensar en que algún día Vélez obtendría el campeonato. Se imaginaba la envidia de todos, las felicitaciones, y se decía que esa sería la revancha de su vida. No le importaba que Vélez tuviera siempre más posibilidades de ir al descenso que de salir campeón. Cada año que el equipo empezaba una buena campaña, Amaro era optimista, y se esforzaba por evitar que lo invadiera esa detestable sensación de que inexorablemente un domingo cualquiera comenzaría la debacle, la que, por supuesto, se producía y le acarrearía esas profundas depresiones, durante las cuales se sentía frustrado, se ensimismaba y dejaba de ir a La Estrella hasta que algún buen resultado lo ayudaba a reponerse. Un empate, por ejemplo, sobre todo si se lograba frente a Boca o a River, le servía de excusa para volver a la vereda de La Estrella y saludar, sonriente, como superando las miradas sobradoras, a los integrantes de la barra: Julio Candia, el Boina Blanca, el Barato Smith, Puchito Aguilar, Diosmelibre Giovanotto y tantos otros más, la mayoría bancarios o empleados públicos, solterones, viudos algunos, jubilados los menos (sólo los viejitos Angel Festa, el que se quejaba de que en su vida nunca había ganado a la lotería, aunque jamás había comprado un billete; y Lindor Dell'Orto, el tano mujeriego que fue padre a los cincuenta y siete años y no encontró mejor nombre para su hija que Dolores, con ese apellido), pero todos solitarios, mordaces y crueles, provistos de ese humor acre que dan los años perdidos.

En ese ambiente, Amaro no desperdiciaba oportunidad de recordar la historia de Vélez. Podía hablar durante horas de la fundación del club, aquel primero de mayo de 1910, o evocar el viejo nombre, que se usó hasta el '23, y ponerse nostálgico al rememorar la antigua camiseta verde, blanca y roja, a rayas verticales, que usaron hasta el '40 y que todavía guardaba en su ropero. Y no le importaban las pullas, el fastidio, ni los flatos orales con que todos, en La Estrella, acogían sus remembranzas. Como sucedió en el '41, cuando Vélez descendió de categoría y Diosmelibre sentenció "Amaro, no hablés más de ese cuadrito de primera be", y él se mantuvo en silencio durante dos años,

24

mortificado y echándole íntimamente la culpa al cambio de camiseta, esa blanca con la ve azul, a la que odió hasta el '43, una época en la que las malas actuaciones lo sumieron en tan completa desolación que hasta dejó de ir a La Estrella los lunes, para no escuchar a sus amigos, para no verles las caras burlonas. Pero lo que más le dolía era sentirse avergonzado de Vélez. Tan deprimido estuvo esos años, que en el correo sus superiores le llamaron la atención reiteradamente, hasta que el señor Rodríguez, su jefe, comprendió la causa de su desconsuelo. Rodríguez, hincha de Boca y hombre acostumbrado a saborear triunfos, se condolió de Amaro y le concedió una semana de vacaciones para que viajara a Buenos Aires a ver la final del campeonato de primera be.

Era un noviembre caluroso y húmedo. Amaro no bajaba a la capital desde aquella mañana en la que abordó el "Ciudad de Asunción", rumbo al Paraguay, para su último viaje. La encontró casi desconocida, ensanchada, más alta, más cosmopolita que nunca y casi perdida aquella forma de vida provinciana de los años veinte. No se preocupó por saludar al par de tías a quienes no veía desde hacía tanto tiempo y durante cinco días deambuló por el barrio de Liniers, recordando su niñez, rondando la cancha de Villa Luro, y el viernes anterior al partido fue a ver el entrenamiento y se quedó con la cara pegada al alambrado, deseoso de hablar con alguno de los jugadores, pero sin atreverse. Le pareció, simplemente, que estaba en presencia de los mejores muchachos del mundo, imaginó las ilusiones de cada uno de ellos, los contempló como a buenos y tiernos jóvenes de vida sacrificada, tan enamorados de la casaca como él mismo, y supo que Vélez iba a volver a primera A.

Aquel domingo, en el Fortín, las tribunas comenzaron a llenarse a partir de las dos de la tarde, pero Amaro estuvo en la platea desde las once de la mañana. El sol le dio de frente hasta el medio día y el partido empezó cuando le rebotaba en la nuca y él sentía que vivía uno de los momentos culminantes de su existencia. Se acordó de los muchachos del correo, de la barra de La Estrella, de todos los domingos que había pasado, tan iguales, en calzoncillos, pendiente de ese equipo que ahora estaba ante sus ojos.

26

Le pareció que todo Resistencia aguardaba la suerte que correría Vélez esa tarde. De ninguna manera podía admitir que alguno deseara una derrota. Lo cargaban, sí, pero sabía que todos querrían que Vélez volviera a jugar en el A al año siguiente.

Miró el partido sin verlo, y lloró de emoción cuando el gol del chico ése, García, aseguró el triunfo y el ascenso de Vélez. Y cuando salió del estadio tenía el rostro radiante, los ojos brillosos y húmedos, las manos transpiradas y como una pelota en la garganta, pero la pucha Amaro, un tipo grande, se dijo a sí mismo, meneando la cabeza hacia los costados, y después pateó una piedra de la calle y siguió caminando rumbo a la estación, bajo el crepúsculo medio bermejo que escamoteaban los edificios, y esa misma noche tomó La Internacional hacia Resistencia:

Desde entonces, cada domingo, Amaro se transportaba imaginariamente a Buenos Aires, era un hombre más en la hinchada, revivía la tarde del triunfo, se acordaba del pibe García y lo veía dominar la pelota, hacer fintas y acercarse a la valla adversaria. Y todas las tardes, en La Estrella, cada vez que se discutía sobre fútbol, Amaro recordaba:

–Un buen jugador era el Pibe García. Si lo hubiesen visto. Tenía una cinturita...

O bien:

–¿Una defensa bien plantada? Cuando yo estuve en Buenos Aires...

Y cuando los demás reaccionaban:

–¡Qué me hablan de Boca, de River, de tal o cual delantera, si ustedes nunca los vieron jugar!

A medida que fueron pasando los años, Amaro Fuentes se convirtió en el perfecto solitario, aferrado a una sola ilusión y como desprendido del mundo. La vejez pareció caérsele encima con el creciente malhumor, la debilidad de su vista, la pérdida de los dientes y esa magra jubilación que le acarreó una odiosa, fatigante artritis y el reajuste de sus ya medidos gastos. Como nunca había ahorrado dinero, ni había sentido jamás sensualidad alguna que no fuera su amor por Vélez Sársfield, su vida continuó plena de carencias y nadie sabía de él más que lo que mostraba: su cuerpo espigado y lleno de arrugas, su pasividad, su estoicismo, su mirada lánguida y esa pasión velezana que se manifestaba en el escudito siempre prendido en la solapa del saco, más con empecinamiento que con orgullo porque carajo, decía, alguna vez se tiene que dar el campeonato, ese único sobresalto que esperaba de la vida monótona, sedentaria que llevaba y que parecía que sólo se justificaría si Vélez salía campeón. Y quizá por eso aprendió a ver a la esperanza en cada partido, como si alcanzar el título fuera una cuestión personal y él no estuviera dispuesto a morir sin haberse tomado una revancha contra la adversidad porque, como se decía a sí mismo, si llevé una vida de mierda por lo menos voy a morirme saboreando una pizca de gloria.

Casualidad o no, la campaña de Vélez Sársfield en 1968 fue sorprendente. Tras las primeras confrontaciones, Amaro intuyó que ése sería el esperado gran año. Desde poco después de la sexta fecha, la escuadra de Liniers se convirtió en la sensación del torneo, y las radios porteñas comenzaron a transmitir algunos partidos que jugaba Vélez, en los clásicos con los equipos campeones, lo que para Amaro fue una doble satisfacción, puesto que también sus amigos tenían que escuchar los relatos y sólo se sabía de Boca o de River por el comentario previo o por la síntesis final de la jornada, como antes ocurría con Vélez, y éstas sí son tardes memorables, gran siete, pensaba Amaro mientras tomaba un par de pavas de mate y hasta se cortaba los callos plantares, que eran los más difíciles, confiado en que sus muchachos no lo defraudarían.

Era el gran año, sin duda, y la barra de La Estrella pronto lo comprendió, de modo que todos debían recurrir al pasado para sus burlas. Pero a Amaro eso no le importaba porque le sobraban argumentos para contraatacar: los riverplatenses hacía diez años que salían subcampeones, los boquenses estaban desdibujados, y todos envidiaban a Willington, a Wehbe, a Marín, a Gallo, a Luna y a todos esos muchachos que eran sus ídolos.

—¡Goooooooooool de Velesársfiiiiiiilllllll!

La voz de Fioravanti estiraba las vocales en el aparato y Amaro, llorando, sintió que jamás nadie había interpretado tan maravillosamente la emoción de un gol. Vélez se clasificaba, por fin, campeón nacional de fútbol, tras cumplir una campaña significativa: además de encabezar las posiciones, tenía la delantera más positiva, la defensa menos batida, y Carone y Wehbe estaban al tope de la tabla de goleadores.

Pocos segundos después de ese cuarto gol, cuando Fioravanti anunció la finalización del partido, Amaro estaba de pie, lanzando trompadas al aire, dando saltitos y emitiendo discretos alaridos. Dio la tan jurada vuelta olímpica alrededor de la mesa, corrió hacia el ropero, eligió la corbata con los colores de Vélez y su mejor traje y salió a la calle, harto de ver todos los años, para esa época, las caravanas de hinchas de los cuadros grandes, que recorrían la ciudad en automóviles, cantando, tocando bocinas y agitando banderas.

Caminó resueltamente hacia la plaza, mientras el crepúsculo se insinuaba sobre los lapachos y las cigarras entonaban sus últimas canciones vespertinas, y frente a la iglesia se acercó a la parada de taxis, eligió el mejor coche, un Rambler nuevito, y subió a él con la suficiencia de un ejecutivo que acaba de firmar un importante contrato.

–Hola, Amaro –saludó el taxista, dejando el diario.

–A recorrer la ciudad, Juan, y tocando la bocina –ordenó Amaro–. Vélez salió campeón.

Bajó los cristales de las ventanillas, extrajo el banderín del bolsillo del saco y empezó a agitarlo al viento, en silencio, con una sonrisa emocionada y el corazón galopándole en el pecho, sin importarle que la solitaria bocina desentonara, casi afónica, con el atardecer, y sin reparar siquiera en el reloj que marcaba la sucesión de fichas que le costaría el aguinaldo, pero carajo, se justificó, el campeonato me ha costado una espera de toda la vida y los muchachos de Vélez, en todo caso, se merecen este homenaje a mil kilómetros de distancia.

Cuando llegaron a la cuadra de La Estrella, Amaro vio que la barra estaba en la vereda, ya organizada la larga mesa de habitués que los domingos al anochecer se reunían para comentar la jornada. Y vio también que cuando descubrieron al Rambler en la esquina, con la solitaria banderilla asomándose por la ventanilla, se pusieron todos de pie y comenzaron a aplaudir.

–Más despacio, Juan, pero sin detenernos –dijo Amaro, mientras se esforzaba por contener esas lágrimas que resbalaban por sus mejillas, libremente, como gotas de lluvia, y los aplausos de la barra de La Estrella se tornaban más vigorosos y sonoros, como si supieran que debían llenar la tarde de diciembre sólo para Amaro Fuentes, el amigo que había dedicado su vida a esperar un campeonato, y hasta alguno gritó viva Vélez carajo y Amaro ya no pudo contenerse y le pidió al chofer que lo llevara hasta su casa. Dejó colgado el banderín en el picaporte, del lado de afuera, y entró en silencio. Hacía unos minutos que su corazón se agitaba desusadamente. Un cierto dolor parecía golpearle el pecho desde adentro. Amaro supo que necesitaba acostarse. Lo hizo, sin desvestirse, y encendió la radio a todo volumen. Un equipo de periodistas, desde Buenos Aires, relataba las alternativas de los festejos en las calles de Liniers. Amaro suspiró y enseguida sintió ese golpe seco en el medio del pecho. Abrió los ojos, mientras intentaba aspirar el aire que se le acababa, pero sólo alcanzó a ver que los muebles se esfumaban, justo en el momento en que el mundo entero se llamaba Vélez Sársfield.

JUAN MANUEL ROCA

Nació en Medellín, (Antioquia), Colombia, el 29 de diciembre de 1946. Poeta; alterna su trabajo entre el periodismo y la crítica. Dirige el Magazín Dominical de el diario El *Espectador.* Ha publicado: *Memoria del agua* (1973), *Luna de ciegos* (1975), *Los ladrones nocturnos* (1977), *Señal de cuervos* (1979), *Fabulario real* (1980), *País secreto* (dos ediciones, 1987 y 1988), *Ciudadano de la noche* (1989), *Pavana con el diablo* (1990), *Prosa reunida* (1993), *Monólogos* (1994), *La farmacia del ángel* (1995) y *Tertulia de ausentes* (1998). Ha publicado varios libros en compañía de artistas plásticos y ha seleccionado varias antologías, entre ellas dos de poemas de amor y desamor y una de poetas suicidas. Ha sido precisamente este poeta quien ha afirmado que en el fútbol hay jugadores que logran tener "raptos poéticos" que estremecen o emocionan al espectador.

De sus tiempos en que combinaba el ejercicio de la palabra y la lectura con las gambetas y taquitos en las divisiones menores del Independiente Medellín, surge el presente cuento, hasta ahora inédito, cedido por su autor especialmente para este libro.

¿QUIÉN LE TEME AL LÍBERO?

El hombre llegó. El hombre llegó hasta el mostrador. El hombre llegó hasta el mostrador del bar disimulando su cojera.

Su bordón sonaba desacompasado como la clave de una mala orquesta. Sonido y hombre cruzaron entre las mesas toscas que relucían los jarros de cerveza de una liturgia un tanto envilecida. Así era el paisaje penumbroso del bar: vasos de distintos alcoholes servidos como veladoras bajo las fotos diluídas de un nuevo santoral, viejas glorias del fútbol a las que la muerte hace muchos calendarios les hizo un gol fuera de tiempo.

En la pared, un balón pintado como una inmensa patena.

Una mujer sola bailaba frente al ventilador que parecía moler el aire y la música y el sopor de diciembre con sus aspas de madera.

El hombre, en realidad, no había hecho el tránsito desde el baño donde repasó letreros obscenos con mala ortografía, hasta llegar driblando mesas al largo mostrador de madera tallada, residuo de antiguos esplendores.

En verdad, su camino al mostrador arrancaba desde el viejo hotelucho de guadua y calicanto donde iba a dormir sus borracheras hablando solo, pasaba bajo el arco de entrada a la noche, especie de bóveda que cambiaba de color bajo un inmenso pajarraco de neón, cruzaba la calle donde al mirar hacia atrás veía al portero y dueño del hotel que también cambiaba de color: verde habichuela, rojo rubí, amarillo azafrán como los soles del verano.

Antes de entrar, el hombre oyó a sus espaldas su nombre, bajito, susurrado primero, gritado después en lejanía:

–Eh, Anzoátegui, viejo líbero, revienta el balón a las tribunas.

Pero no encontró a nadie en la soledad de la calle aún mojada por la lluvia y sólo vio en los charcos el pajarraco del aviso luminoso, aleteando.

Anzoátegui repasó todo el corto y largo camino hasta el mostrador antes de pedir la última cerveza:

–¿No ha venido por acá el negro Díaz? Parece que se lo tragó la niebla de su pueblo. Una vez fui a su pueblo. Horrible caserío con mujeres gordas como globos, sentadas en las ventanas esperando que algún día llegue un vendedor ambulante y se las lleve.

Avísame si algún día viene, el negro. Mi navaja pregunta por él. Siempre pedía otra cerveza antes de terminar la primera y algo lo hacía pensar que en noches de luna llena su navaja se agitaba por sí sola en un bolsillo de su saco estrujado y manguicorto. Sería, acaso, porque de tanto brillar la hoja de acero de su navaja, tenía el mismo color de la luna.

Así eran las noches del hombre cuando la soledad hacía metástasis: las horas transcurriendo lentas como en un mediocre partido, el conteo resabido de las fisuras del techo, el jadeo de la cópula en el cuarto vecino y la cúpula de la iglesia del barrio dando las campanadas de una nueva mañana.

Mediodía en los billares.

Anzoátegui se sentó cerca a la puerta, en la mesa que daba a la calle sombreada por los chiminangos. El barrio dormía su sopor meridiano. Oyó afuera un grito corriendo tras de un hombre y una voz que decía chillona e histérica: cójanlo; y el hombrecito que engullía espaguetis en el cafetín dejó de succionarlos y gritó: cójanlo; y la mujer sentada a su lado que tejía con ojos ausentes gritó: cójanlo; y el grito era pateado de un lado a otro del andén: cójanlo; y la espesa marea de voces llegó al tope: cójanlo; y el viejo que leía una novela policíaca gritó: cójanlo; y a lo lejos se perdió la orgía de voces tras del hombre, como robadas por el viento.

–Un raponero, dijo el que entraba.

–No faltan las ratas, dijo el de los espaguetis y agregó acariciando su bigote de herradura, un negro mostacho que visto de pasada parecía como si estuviera comiéndose una golondrina: habría que fumigarlos a todos, limpiar el barrio de la escoria.

–La justicia cojea pero llega, dijo un viejo jubilado, y uno que otro se rió pensando en la cojera de Anzoátegui.

Hace mucho tiempo que dejó de ser líbero y mucho más que dejó de ser albañil. Se dice: un futbolista sin cancha es alma en pena, cualquier otro oficio no es más que uno de los muchos nombres que tiene la muerte.

Sonó el golpeteo de una despaciosa carambola.

Anzoátegui recorría con la mirada los recortes de viejos periódicos amarillentos pegados a la pared, carteles que hacían soñar a más de un muchacho con la gloria y con el vocerío de huracán de los estadios. Caras familiares, amigos de juego en las canchas del olvido, ninguno con su estilo, ninguno con su habilidad para la finta, con su gambeta de liebre acorralada para ir tras del balón, para llegar a los centros volando como saeta. Ninguno con esa habilidad suya para crear vacíos, para darle al rival una lección de huecos, para jugar de oído. A veces se pregunta dónde habrán parado, en qué bote de basura, su camiseta roja, su pantaloneta azul, sus medias acebradas de rayas azules y rojas. Y dónde la promesa escrita de su fichaje con el equipo de José Manuel Moreno, del Caimán Sánchez, de las tribunas enrojecidas y móviles como el tren de mercurio que sube por el termómetro de una fiebre.

En las paredes del billar, periódicos viejos, amarillos y desvaídos como sus glorias. La cojera de Anzoátegui tenía muchas versiones. Un *foul* en el área en el momento en que estaba a punto de igualar el partido, una bala en un atraco, los lentos pero certeros tarascazos del fracaso, los lobos del hambre.

Pero la verdad es que Anzoátegui, de quien se decía que sacaba al contrario como si se tratara de una estaca, de algún hidrante, quedó rengo de por vida, una noche entre drogos, metedores de grageas de todos los calibres. Un tipo, al que llamaban el negro Díaz, su gavilla, arrastraron a Anzoátegui con el señuelo de la fiesta. Que para las mujeres, Anzoátegui era el hombre y para las largas bebetas también.

Taller de mecánica. Astroso lugar por lados de Barriotriste. La noche fue entrando en los vasos de ron. Del taller salieron a una bodega de chatarra donde bebieron hasta que Anzoátegui cayó dormido en ese sueño de alcohol en cuyas orillas chapalea el olvido. Aún hay quienes dicen que en ese callejón de Barriotriste se escucha el grito de Anzoátegui cuando le bajaron la cortina metálica que cerraba la bodega, él, acostado, dormido, y la pesada cascada de hierro cayéndole en sus piernas como una aceitada guillotina. Venganzas, dicen, del negro Díaz. Venganzas porque Anzoátegui ayudó a enviar a su hermana lejos del negro, de sus eternas rondas invitándola a la noche. Porque Díaz tenía fama de violador, negra reputación, largos prontuarios.

De esto nunca hablaba Anzoátegui. Acaso, en medio de sus borrascosas borracheras se dirigía a uno que otro para hablar de su pasado: ese gol de chilena entre el cerco defensivo... Hablaba a veces con los niños en sus largas correrías por los barrios obreros. Se sentaba en los graneros donde llegaban grupos de muchachos sudorosos, después de uno de esos partidos callejeros jugados desde el sueño hasta la eternidad.

–Mirá esto.

–¿Lo ves?, insistió Anzoátegui.

Y el muchacho vio un recorte de periódico con un hombre malgarbado y sin color, como figura vista a través de un cristal llovido, zambulléndose en el aire, cabeceando un balón desdibujado.

–¿Es usted?, preguntó el muchacho.

–Fui, dijo el hombre.

El muchacho giró el dedo índice en torno a su sien, preguntando en su gesto si el hombre estaba loco. Pero los otros muchachos no hicieron caso de su ademán, ni siquiera del desconocido.

En las noches, Anzoátegui escuchaba, casi sin interés, los partidos de fútbol en la radio del vecino. De nuevo nombres familiares de jugadores que empezaron con él, y que ahora lo evitaban.

–Cuidado, decían, ahí viene el loco Anzoátegui, desde que está cojo para en la calle a cualquier fulano y le pregunta por el negro Díaz.

Un domingo, se dio a caminar sin rumbo por la ciudad. Anzoátegui hablaba solo. Bajó blandiendo su bordón y fingiendo no padecer de su cojera hasta las calles del centro como en los viejos tiempos cuando pie y balón hacían parte inseparable de su sombra. Recordó las noches en que venía desde La Floresta a mirar a las muchachas caminando por las calles como si pisaran nubes de algodón, alfombras de musgo. Ahora miraba las vitrinas. En la vidriera de una pastelería vio la cara reflejada del negro Díaz. Se volteó rápido como si quisiera parar un balón con el pecho, y ahí estaba, el negro, con sus ojos de naufragio. Pensó Anzoátegui en sacar su navaja, pero vio a Díaz tan viejo y derrotado, quizá más derrotado que él mismo, que hizo como si no lo conociera. Sintió sí que su vida entraba en los últimos instantes de un mal partido, las tribunas vacías, los equipos fantasmas, la rondadora muerte alistando el pitazo final.

Medellín, diciembre de 1970.

RUBÉM FONSECA

Nació en Juiz de Fora, estado de Minas Gerais (Brasil), en 1925, pero desde muy niño ha vivido en Río de Janeiro. Periodista, abogado y profesor, ha publicado entre otros libros: *Los prisioneros*, (1963), *El cobrador*, (1979) y la novela negra *El gran arte* (1983). En 1994 Editorial Norma tradujo su novela *Agosto*.

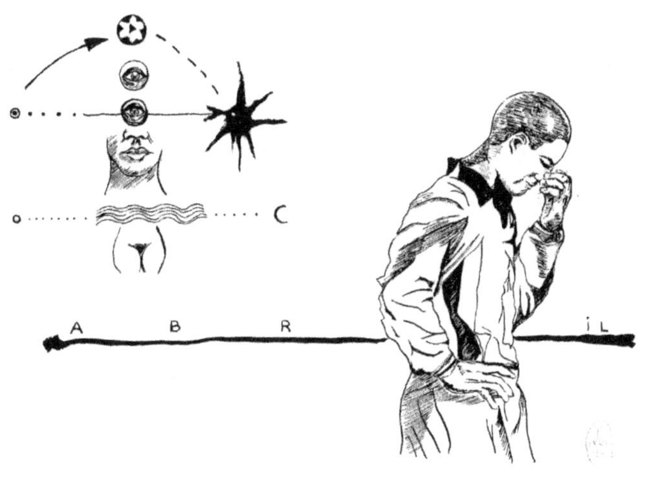

ABRIL, EN RÍO, EN 1970

Todo empezó cuando el tipo que se sentó cerca de mí en el pasto dijo, mirá lo que es la escupida de Gérson. En el momento no le di importancia, me había costado un huevo llegar hasta allá, pero mi cabeza estaba en el partido del domingo y yo no relacionaba las cosas unas con otras. Al partido del domingo iba a ir Jair da

Rosa Pinto, técnico del Madureira, que ya fue *crack* de la selección, y una cosa aquí dentro me decía, Zé, va a ser la oportunidad de tu vida. Yo le dije a mi chica, que era dactilógrafa de la empresa, no sigo de cadete ni un mes más, también le dije que Jair da Rosa Pinto me iba a ver el domingo, pero las mujeres son bichos raros, ni me dio bola. Soltame, dejame que te cuente. Me levanté de la cama, le expliqué, pucha, si juego bien y Jair da Rosa Pinto me lleva al Madureira, estoy hecho, nadie me para, pero ella me tiró de nuevo a la cama y fue aquella locura, mi chica es un fuego.

El tipo se llamaba Braguinha. Mirá la escupida de Gérson, dijo, en el segundo tiempo del entrenamiento. Braguinha había llegado en el entretiempo, todo el mundo lo conocía; decían, ¿eh Braghinha, qué te parece? Y el respondía, vamos a reventar a los gringos. Yo meneaba la cabeza y le sonreía asintiendo. Estaba queriendo hacerme amigo, yo era un colado y no quería que me echaran, mirándome nomás los tipos se daban cuenta de que mi lugar era otro, ni como reportero podía pasar.

Me quedé observando a Gérson. El jugador de fútbol vive escupiendo. Pasó cerca, dio uno de esos tiros de treinta metros y escupió. ¿Viste? Limpio, transparente, cristalino. ¿Sabés lo que es eso?, preguntó Braguinha. Me quedé en la duda, ¿estaría cargando a Gérson? Por ahí está lleno de flacos que no se lo bancan, ¿qué iba a decir? Me quedé callado, asentí con la cabeza y el mismo Braguinha respondió, preparación física, pibe, preparación física, para escupir así el tipo tiene que estar diez puntos. Vamos a reventar a los gringos.

Braguinha me contó que ellos entrenaban todos los días y que no veían a mujeres, ni siquiera a las propias; nada de ir a lo de Rose, Jairzinho no pone ni el pie en la Mangueira, Paulo César ni pasa por la puerta del Lebató, los tipos están haciendo las cosas en serio. Mujer, ni siquiera la madre. Yo ya había oído hablar de esa historia de que las mujeres acaban con un tipo y nunca la creí, pero aquel día, no sé por qué, empecé a pensar que la cosa era así y le pregunté a Braguinha ¿usted es médico? y él respondió, no, no soy médico pero estoy en la cosa, ya vi arruinarse la carrera de pibes de 18 años por culpa de una mujer. Pucha, 18 años es mi edad. Ves la escupida de Tostao, está medio jodido, ese problema en el ojo, estuvo parado seis meses, mirá nomás la escupida de él. Tostao pasó cerca y escupió una bolita de goma blanca. Parece merengue, dijo Braguinha, él está en un treinta por ciento, pero cuando esté a punto va a escupir un chorrito de agua filtrada igual al zurdito de oro. Era así como llamaban a Gérson.

Cuando el entrenamiento terminó los cogotudos rodearon a los jugadores. Era un lugar bacán, para jugar polo, ese juego que el tipo monta un caballo y se la pasa dando tacazos a una pelotita. Tenía un césped que nunca terminaba y unas mujeres diferentes de la Nely, mi chica. No digo que Nely sea para tirar a la basura, pero aquellas mujeres eran diferentes; creo que eran las ropas, la manera de hablar, de caminar, hasta me olvidé de los jugadores, nunca había visto mujeres iguales. Creo que ellas no andaban por las calles de la ciudad, andaban a caballo ahí, escondidas, sólo los bacanes las veían. Eso sí que era vida, me quedé mirando la piscina, el césped, los mozos llevando bebidas y bocaditos de acá para allá, todo tranquilo, todo limpito, todo lindo.

No eran las ropas, era el cabello, el olor, ésa era la diferencia entre Nely y las chicas que andaban a caballo, pensé mientras iba por la ruta haciendo ejercicio, corriendo hasta la parada del colectivo de Rocinha; era el cabello y el olor, y las ropas, la pucha, quería tener una mujer así, pero para que un tipo pudiera tener una mujer de aquellas, tenía que ser como mínimo de la selección. Yo tenía que comerme la pelota el domingo, del Madureira a la selección, pelota para Zezinho , y ¡goool! La multitud gritaba dentro de mi cabeza.

Nely vivía en un departamento de dos ambientes en la playa de Botafogo, con una compañera que sabía de nuestro asunto, una chica medio jorobada que se llamaba Margarida, muy buenita; cuando yo iba a dormir con la Nely, ella se iba a dormir al living, se acostaba en el sofá y fingía no oír los gemidos que provenían del dormitorio. Ya no te gusto más, dijo Nely, hago unos fideos, comés y ahora querés tomártelas diciendo que te vas a casa a dormir. ¿Qué historia es ésa? ¿Creés que soy boba?

No le quería decir que estaba pensando en la escupida de Gérson, pensando en el partido del domingo, y le dije que no me estoy sintiendo bien, creo que estoy enfermo, ni sé si voy a poder jugar mañana.

¿No te estás sintiendo bien, gritó Nely, y, te comiste dos kilos de fideos? ¿Vos pensás que soy idiota?

Creo que fueron los fideos, me llenaron demasiado.

¿Te llenaron demasiado? Tonto, ¿entonces por qué estás comiendo ese pan?, preguntó Nely.

Yo ni me había dado cuenta que estaba comiendo pan, estaba realmente con la cabeza en otro lugar. Nely miró a Margarida, que había cenado con nosotros, y le preguntó, ¿Margarida vos pensás que alguien puede creer en lo que está diciendo? No sé, dijo Margarida, saliendo apurada de la mesa.

Vos te vas a encontrar con otra mujer, dijo Nely. Su cara huesuda, sus labios gruesos me fueron dando ganas, me quedé en esa disyuntiva, hasta di un paso para acercarme a ella, pero pensé en la escupida de Gérson, el chorro transparente entre los dientes, y dije, me gustás, querida, pero a ver si entendés, hoy no, a ver si me entendés, hoy no, mañana por la noche, te juro por mi madre que no voy a encontrarme con ninguna mujer.

¡Si no tenés madre!, gritó Nely, haciendo pedazos un plato en el piso.

Era verdad, yo no tenía madre, no conocí a mi madre, pero sólo juraba por la madre y Nely lo sabía. Era una costumbre. Te voy a decir la verdad, no estoy enfermo, pero mañana Jair de la Rosa Pinto, del Madureira, va a ver el partido, si juego bien, me lleva para hacer una prueba, tengo que estar en forma, a ver si entendés, dije.

¡Mentiroso, te vas a encontrar con otra mujer!

No, te lo juro por mi... palabra de honor, un tipo me dijo ayer, un tipo que está en la cosa, que el atleta no puede andar con mujeres la víspera del partido. Tuve ganas de decir más, con una igual a vos entonces ni que hablar, vos me dejás de cama, toda la noche, sin parar, pero tuve miedo de que rompiese otro plato en mi cabeza.

Fui yendo en dirección a la puerta, Nely me abrazó, me desprendí del abrazo, no puedo, hoy no puedo, mañana a la noche vengo,

Si te vas, no hace falta que vuelvas nunca más, exclamó Nely enfurecida. Cuando me vio abrir la puerta de la calle gritó, ¡andá, mentiroso, flojo, debilucho, ignorante, don nadie!

Me fui disgustado. Llegué a la pensión, me acosté, me quedé un montón de tiempo enrollado con la discusión que había tenido con ella. No me molestaba que me llamasen mentiroso, ni flojo, las pelotas, después de todo lo que hice con ella era gracioso que me llamase flojo, dudo que consiguiese otro con más disposición que yo, pero que dijera ignorante, don nadie, eso dolió. Sólo porque fuera dactilógrafa y tuviera la secundaria no tenía derecho a decir eso de mí, yo era huérfano, mi mamá murió cuando yo nací, mi papá era pobre, se murió poco tiempo después, dejándome en la mala, sólo podía terminar como cadete, ignorante, don nadie. ¿Qué quería que fuese? Mi tristeza sólo se fue cuando me acordé que Clodoaldo también era huérfano y debe haber pasado por las mismas cosas que pasé yo.

Me quedé un montón de tiempo despierto, sin poder imaginarme cosas lindas, pensando en la oportunidad, pero sin lograr imaginarme la cosa pasando, las jugadas sensacionales, la gente gritando el gol. Si me llamaran, yo entrenaba en cualquier equipo, de Río, Belo Horizonte, aceptaba el interior de Sao Paulo, Bahía, cualquier lugar, quería una oportunidad. La única vez que entrené en un equipo profesional fue en Sao Cristovao, en un día de lluvia, la cancha estaba hecha un barrial. ¿Dónde se vio un volante defensivo que rindiera en el barro? Jugué diez minutos, diez minutos, había un montón de flacos esperando su turno en la cola, nada más que para el medio campo, todos con la misma angustia que yo. Después del entrenamiento le pregunté al hombre si quería que volviese y él dijo con toda calma, no gracias, sin importarle mi sufrimiento, cagándose en mí.

Me pasé la mañana del domingo en la cama. Almorcé a las 11, bife, arroz, ensalada de lechuga y tomate, igual que la selección en día de partido. Sólo faltaban los champiñones. Puse el uniforme en un bolso de plástico, botines, pantalón blanco, camisa azul, medias blancas, tomé el colectivo, salté en la Estación Central, tomé el tren.

Don Tiao, nuestro técnico, ya estaba en la cancha. También había un montón de personas esperando que empezara el partido. Fui al vestuario a cambiarme de ropa. Don Tiao nos reunió para decirnos cómo quería que jugase el equipo. Pregunté, ¿ya llegó Jair de la Rosa Pinto, del Madureira? Don Tiao respondió, ¿el Yayá de la Barra Mansa? No sé, no lo vi. Mirá, cuando vos vayas, Tiago se queda, Gabiru viene a buscar el juego, ayudar en el medio campo. Otra cosa, cuidado con el artillero de ellos, un tal Jeová. Si es necesario, denle duro.

Cuando salimos del vestuario la cancha estaba toda cercada de gente, de pie, porque tribuna no había. Traté de ver a Jair da Rosa Pinto, no pude, debía estar por ahí, observándome. Sentí un frío en el estómago. Empecé a saltar, calentando el cuerpo, sintiendo el cuerpo, sintiendo los músculos debajo de la piel, salté, el frío en el estómago se fue, qué cosa linda sentir los músculos debajo de la piel.

Ellos ganaron el sorteo, eligieron el campo. Pirulito puso en juego la pelota, tocándola hacia atrás para mí, la enganché de curva para Gabiru en la punta, pero la pelota fue al pie del adversario. Corrí para ver si recuperaba la jugada. Mientras hacían rodeos sobre mí pensaba, mierda, empecé mal, ahora estoy como un bobo en la cancha, ni sé lo que estoy haciendo.

El primer tiempo fue de amargar. Empecé a darle duro a Jeová. Después de que pasó dos veces por mí decidí apelar, iba derecho a su pie de apoyo. Me estaba poniendo nervioso, le grité a Tiao, a ver si retrocedés también, mierda. El tipo sólo quería quedarse en el medio campo, jugando de armador, mientras que nosotros nos jodíamos allá atrás. Un minuto antes del entretiempo le di otro palo a Jeová. Él se levantó, me miró y dijo, ¿qué pasa loco? Los dos escupimos al mismo tiempo, mi escupida salió finita, pero la de él, hijo de puta, salió todavía más fina. Yo escupí carraspeando y soplando la saliva con fuerza para afuera, mientras que él, pibe canchero, ni siquiera abrió la boca, con un ruidito de pedo la saliva brotó de sus labios cerrados.

En el vestuario Don Tiao me dijo, Zé tenés que esforzarte más en los pases. Yo dije, yo me encargo. De repente di un suspiro, estaba sintiendo una cosa rara. Dije desanimado ¿no sería bueno que nos cambiemos de vez en cuando con Tiago? Don Tiao se rascó la cabeza, no sé, me parece mejor que sigas plantado en la entrada del área, la táctica que funciona no se cambia.

Puse una toalla sobre el banco y me acosté. No quise pensar en nada, no tenía ganas de imaginar las cosas buenas que todavía iban a pasar, un día. Me quedé callado. Sólo abrí la boca para preguntar, ¿alguien vio a Jair da Rosa Pinto por ahí? Nadie lo había visto.

El sol seguía fuerte en el segundo tiempo. De salida, el puntero izquierdo de ellos fue hasta la línea de fondo, levantó al centro, Jeová saltó más que todo el mundo, dio un cabezazo tan fuerte que nuestro arquero ni siquiera vio por dónde entró la pelota. Jeová salió dando puñetazos en el aire, de la forma que inventó Pelé.

Vamos a dar vuelta al resultado, muchachos, les dije a mis compañeros, poniéndome la pelota debajo del brazo y corriendo para el medio campo, para dar la salida, igual que Didí en el final del mundial del sesenta y dos.

No le dimos vuelta. Fueron ellos los que hicieron otros goles, hicieron tiros de taquito, dominaron durante todo el segundo tiempo. De tanto correr quedé hecho pomada, la boca seca, no me atrevía a escupir para ver la bola de merengue.

Cuando terminó el partido, todavía en la cancha, Don Tiao me dijo, la cabeza alta, Zé, le pasa a todo el mundo, hay días en que todo sale mal, es así, qué se le va a hacer. Yo estaba tan empelotado que sólo en ese momento me di cuenta que mi juego había sido una mierda, no había hecho otra cosa que correr dentro de la cancha como un imbécil. Vi, de espaldas, a Jeová conversando con un tipo. No podía ver quién era. Pensé, capaz de que Jair da Rosa Pinto, invitándolo para entrenar en el Madureira. Me sentí tan infeliz que no me atreví a mirar, a saber si era o no era. Corrí al vestuario.

Fui el último en salir. Empezaba a oscurecer. En la sombra de la tarde la cancha parecía todavía más fea. Yo estaba solo, todos se habían ido. Empecé a caminar, pasé por una montaña de basura, tuve ganas de tirar ahí mi uniforme. Pero no lo tiré. Apreté el bolso contra el pecho, sentí los tapones de los botines y me fui caminando, lentamente, sin querer volver, sin saber a dónde ir.

MARIO BENEDETTI

Nació el 14 de septiembre de 1920, en Paso de los Toros, Departamento de Tacuarembó, República Oriental del Uruguay.

Narrador y poeta de amplio reconocimiento universal. Su producción literaria suma más de sesenta obras entre las que se destacan la novela *Quién de nosotros*, el volumen de cuentos *Montevideanos*, el ensayo *El escritor latinoamericano y la revolución posible* y los libros de poemas *Vientos del exilio* y *Las soledades de Babel*.

Sus novelas *La tregua* y *Gracias por el fuego* alcanzaron trascendencia internacional, siendo traducida cada una a más de diecinueve idiomas y llevada al teatro, televisión, radio y cine.

En 1973 debió abandonar su país por razones políticas y vivió doce años en el exilio en diversos países como Argentina, Perú, Cuba y España. Su obra poética completa ha sido reunida en los tomos *Inventario* (1950-1985) e *Inventario dos* (1950-1985).

Su obra ha estado siempre enmarcada dentro de una atmósfera urbana, donde el fútbol ha sido un protagonista y un objeto de reflexión.

"Puntero izquierdo" fue tomado de *Cuentos completos*, Seix Barral, Biblioteca Mayor, Bogotá, 1996.

PUNTERO IZQUIERDO

A Carlos Real de Azúa

Vos sabés las que se arman en cualquier cancha más allá de Propios. Y si no acordate del campito del Astral, donde mataron a la vieja Ulpiana. Los años que estuvo hinchándola desde el alambrado y, la fatalidad, justo esa tarde, no pudo disparar por la uña encarnada.

Y si no acordate de aquella canchita de mala muerte, creo que la del Torricelli, donde le movieron el esqueleto al pobre Cabeza, un negro de mano armada, puro pamento, que ese día le dio la loca de escupir cuando ellos pasaban con la bandera. Y si no acordate de los menores de Cuchilla Grande, que mandaron al nosocomio al *back* del Catamarca, y todo porque le habían hecho al capitán de ellos la mejor jugada recia de la tarde. No es que me arrepienta, ¿sabés? de estar aquí en el hospital, se lo podés decir con todas las letras a la barra del Wilson. Pero para poder jugar más allá de Propios hay que tenerlas bien puestas. ¿O qué te parece haber ganado aquella final contra el Corrales, jugando nada menos que nueve contra once? Hace ya dos años y me parece ver al Pampa, que todavía no había cometido el afane pero lo estaba germinando, correrse por la punta y escupir el centro, justo a los cuarenta y cuatro de la segunda etapa, y yo que la veo venir y la coloco tan al ángulo que e' golerito no la pudo ni pellizcar y ahí quedó despatarrado, mandándose la parte porque los de Progreso le habían echado el ojo. ¿O qué te parece haber aguantado hasta el final en la cancha del Deportivo Yi, donde ellos tenían el juez, los linesman y una hinchada piojosa que te escupía hasta en los minutos adicionados por suspensiones de juego, y eso cuando no entraban al fiel y te gritaban: ¡Yi! ¡Yi! ¡Yi! como si estuvieran llorando, pero refregándote de paso el puño por la trompa? Y uno haciéndose el etcétera porque si no te tapaban. Lo que yo digo es que así no podemos seguir. O somos amater o somos profesional. Y si somos profesional que vengan los fasules. Aquí no es el Estadio, con protección policial y con esos mamitas que se revuelcan en el área sin que nadie los toque. Aquí si te hacen un penal no te despertás hasta el jueves a más tardar. Lo que está bien. Pero no podés pretender que te maten y después ni se acuerden de vos. Yo sé que para todos estuve horrible y no preciso que me pongas esa cara de Rosigna y Moretti. Pero ni vos ni don Amílcar entienden ni entenderán nunca lo que pasa. Claro, para ustedes es fácil ver la cosa desde el alambrado. Pero hay que estar sobre el pastito, allí te olvidás de todo, de las instrucciones del entrenador y de lo que te paga algún mafioso.

Te viene una cosa de adentro y tenés que llevar la redonda. Lo ves venir al jalva con su carita de rompehueso y sin embargo no podés dejársela. Tenés que pasarlo, tenés que pasarlo siempre como si te estuvieran dirigiendo por control remoto. Si te digo que yo sabía que esto no iba a resultar, pero don Amílcar que empieza a inflar y todos los días a buscarme a la fábrica. Que yo era un puntero izquierdo de condiciones, que era una lástima que ganara tan poco, y que cuando perdiéramos la final él me iba arreglar el pase para el Everton. Ahora vos calculá lo que representa un pase para el Everton donde además de don Amílcar que después de todo no es más que un cafisho de putas pobres, está nada menos que el doctor Urrutia, que ése sí es Director de Ente Autónomo y ya colocó en Talleres al entreala de ellos. Especialmente por la vieja, sabés, otra seguridad, porque en la fábrica ya estoy viendo que en la próxima huelga me dejan con dos manos atrás y una adelante. Y era pensando en esto que fui al café Industria a hablar con don Amílcar. Te aseguro que me habló como un padre, pensando, claro, que yo no iba a aceptar. A mí me daba risa tanta delicadeza. Que si ganábamos nosotros iba a ascender un club demasiado díscolo, te juro que dijo díscolo, y eso no convenía a los sagrados intereses del deporte nacional. Que en cambio el Everton hacía dos años que ganaba el premio a la corrección deportiva y era justo que ascendiera otro escalón. En la duda, atenti, pensé para mi entretela. Entonces le dije el asunto es grave y el coso supo con quién trataba. Me miró que parecía una lupa y yo le aguanté a pie firme y le repetí que el asunto es grave. Ahí no tuvo más remedio que reírse y me hizo una bruta guiñada y que era una barbaridad que una inteligencia como yo trabajase a lo bestia en esa fábrica. Yo pensé te clavaste la foja y le hice una entradita sobre Urrutia y el Ente Autónomo. Después, para ponerlo nervioso, le dije que uno también tiene su condición social. Pero el hombre se dio cuenta que yo estaba hablando y desembuchó las cifras. Craso error. Allí no más le saqué sesenta. El reglamento era éste: todos sabían que yo era el hombre gol, así que los pases vendrían a mí como un solo hombre. Yo tenía que eludir a dos o tres y tirar apenas desviado o pegar en la tierra y mandarme la parte de la bronca. El coso decía que nadie se iba a dar cuenta que yo corría pa' los italianos. Dijo que también iba a tocar a Murias, porque era un tipo macanudo y no lo tomaba a mal. Le pregunté solapadamente si también Murias iba a entrar en Talleres y me contestó que no, que ese puesto era diametralmente mío. Pero después en la cancha lo de Murias fue una vergüenza. El pardo no disimuló ni medio: se tiraba como una mula y siempre lo dejaban en el suelo. A los veintiocho minutos ya lo habían expulsado porque en un escrimaye le dio al entreala de ellos un codazo en el hígado. Yo veía de lejos tirándose de palo a palo al meyado Valverde que es de esos idiotas que rechazan muy pitucos cualquier oferta como la gente, y te juro por la vieja que es un amater de órdago, porque hasta la mujer, que es una milonguita, le mete los cuernos en todo sector. Pero la cosa es que el meyado se rompía y se le tiraba a los pies nada menos que a Bademian, ese armenio con patada de burro que hace tres años casi mata de un tiro libre al golero del Cardona. Y pasa que te contagiás y sentís algo dentro y empezás a eludir y seguís haciendo dribles en la línea del córner como cualquier mandrake y no puede ser que con dos hombres menos (porque al Tito también lo echaron, pero por bruto) nos perdiéramos el ascenso. Dos o tres veces me la dejé quitar, pero, ¿sabés?, me daba un dolor bárbaro porque el jalva que me marcaba era más malo que tomar agua sudando y los otros iban a pensar que yo había disminuido mi estándar de juego. Allí el entrenador me ordenó que jugara atrasado para ayudar a la defensa y yo pensé que eso me venía al trome porque jugando atrás ya no era el hombre-gol y no se notaría tanto si tiraba como la mona. Así y todo me mandé dos boleos que pasaron arañando el palo y estaba quedando bien con todos. Pero cuando me corrí y se la pasé al ñato Silveira para que entrara él y ese tarado me la pasó de nuevo, a mí que estaba solo, no tuve más remedio que pegar en la tierra porque si no iba a ser muy bravo no meter el gol. Entonces mientras yo hacía que me arreglaba los zapatos el entrenador me gritó a lo Tittarufo: «¿Qué tenés en la cabeza? ¿Moco?» Esto, te juro, me tocó aquí adentro, porque yo no tengo moco y si no preguntale a don Amílcar, él siempre dijo que soy un puntero inteligente porque juego con la cabeza levantada. Entonces ya no vi más, se me subió la calabresa y le quise demostrar al coso ése que cuando quiero sé mover la guinda y me saqué de encima a cuatro o cinco y cuando estuve solo frente al golero le mandé un zapatillazo que te lo vogliodire y el tipo quedó haciendo sapitos pero exclusivamente a cuatro patas. Miré hacia el entrenador y lo encontré sonriente como aviso de Rider y recién entonces me di cuenta que me había enterrado hasta el ovario. Los otros me abrazaban y gritaban: «¡Pa los contras!», y yo no quería dirigir la visual hacia donde estaba don Amílcar con el doctor Urrutia, o sea justo en la banderita de mi córner, pero en seguida empezó a llegarme un kilo de putiadas, en las que reconocí el tono mezzosoprano del delegado y la ronquera con bíter de mi fuente de recursos. Allí el partido se volvió de trámite intenso porque entró la hinchada de ellos y le llenaron la cara de dedos a más de cuatro. A mí no me tocaron porque me reservaban de postre. Después quise recuperar puntos y pasé a colaborar con la defensa, pero no marcaba a nadie y me pasaban la globa entre las piernas como a cualquier gilberto. Pero el meyado estaba en su día y sacaba al córner tiros imposibles. Una vuelta se la chingué con efecto y todo y ese bestia la bajó con una sola mano. Miré a don Amílcar y al delegado, a ver si se daba cuenta que contra el destino no se puede, pero don Amílcar ya no estaba y el doctor Urrutia seguía moviendo los labios como un bagre. Allí nomás terminó uno a cero y los muchachos me llevaron en andas porque había hecho el gol de la victoria y además iba a la cabeza en la tabla de los escores. Los periodistas escribieron que mi gol, ese magnífico puntillazo, había dado el más rotundo mentís a los infames rumores circulantes. Yo ni siquiera me di la ducha porque quería contarle a la vieja que ascendíamos a intermedia. Así que salí todo sudado con la camiseta que era un mar de lágrimas, en dirección al primer teléfono. Pero allí nomás me agarraron del brazo y por el movado de oro le di la cana a la bruta manaza de don Amílcar. Te juro que creí que me iba a felicitar por el triunfo, pero está clavado que esos tipos no saben perderla.

Todo el partido me la paso chingándola y tirando desviado o sea hipotecando mis prestigios y eso no vale nada. Después me viene el sarampión y hago un gol de apuro y eso sí está mal. Pero, ¿y lo otro? Para mí había cumplido con los sesenta que le había sacado de anticipo, así que me hice el gallito y le pregunté con gran serenidad y altura si le había hablado al delegado sobre mi puesto en Talleres. El coso ni mosquió y casi sin mover los labios, porque estábamos entre la gente, me fue diciendo podrido, mamarracho, tramposo, andá a joder a Gardel, y otros apelativos que te omito por respeto a la enfermera que me cuida como una madre. Dimos vuelta una esquina y allí estaba el delegado. Yo como un caballero le pregunté por la señora y el tipo, como si nada, me dijo en otro orden la misma sarta de piropos, adicionando los de pata sucia, maricón y carajito. Yo pensé la boca se te haga un lago, pero la primera torta me la dio el Piraña, apareciendo de golpe y porrazo como el ave fénix, y atrás de él reconocí al Gallego y al Chicle, todos manyaorejas de Urrutia, el cual en ningún momento se ensució las manos y sólo mordía una boquilla muy pituca, de esas de contrabando. La segunda piña me la obsequió el Canilla, pero a partir de la tercera perdí el orden cronológico y me siguieron dando hasta las calandrias griegas. Cuando quise hacerme una composición de lugar ya estaba medio muerto. Ahí me dejaron hecho una pulpa y con un solo ojo los vi alejarse por la sombra. Dios nos libre y se los guarde pensé con cierta amargura y flor de gusto a sangre. Miré a diestro y siniestro en busca de s.o.s. pero aquello era el desierto de Zárate. Tuve que arrastrarme más o menos hasta el bar de Seoane, donde el rengo me acomodó en el camión y me trajo como un solo hombre al hospital Y aquí me tenés. Te miro con este ojo, pero voy a ver si puedo abrir el otro. Difícil, dijo Cañete. La enfermera que me trata como al rey Farú y que viene como ya lo habrás jalviado, su bruta plataforma electoral, dice que tengo para un semestre. Por ahora no está mal, porque ella me sube aúpa para lavarme ciertas ocasiones y yo voy disfrutando con vistas al futuro. Pero la cosa va a ser después; el período de pases ya se acaba, sintetizando, que estoy colgado. En la fábrica ya le dijeron

a la vieja que ni sueñe que me vayan a esperar.
Así que no tendré más remedio que bajar el
cogote y apersonarme con ese chitrulo de Urrutia, a ver si me da el puesto en Talleres como
me había prometido.

(1954)

ROBERTO FONTANARROSA

Reconocido escritor, caricaturista y humorista argentino. Padre del legendario "Boggie, el aceitoso", aquel personaje de la realidad urbana latinoamericana que retrata el pesimismo, la subcultura y lo contradictorio que puede resultar un hijo de los suburbios de las grandes metrópolis del continente. Entre sus libros de relatos se destacan *Nada del otro mundo* y *Los trenes matan a los autos*, éste último publicado por la Editorial Calicanto de Buenos Aires, en 1977, y de donde fue tomado el presente texto.

LA BARRERA

Un paso más atrás. Dos más atrás. Tres. Ahí está bien. Ya está la barrera formada. Una baldosa más acá. Un momento. Ante todo sacar las cosas del arco. Hay botellas debajo de la pileta. Ya la otra vez cagó una y dos sifones. El blindado no es nada, pero el otro puede reventar, y los sifones revientan y los pedacitos de vidrio saltan y se meten en los ojos de uno. Bien juntas las macetas de la barrera. El arquero muy nervioso. Miguel Tornino frente al balón. Atención el rubio Miguel Tornino frente al balón.

Una mano en la cintura. La otra también. La mano sacándose el pelo de la frente. La transpiración de la frente. De los ojos. Hay silencio en el estadio. Es la siesta. Hasta el negro se ha quedado quieto. Resignado a ser simple espectador de ese tiro libre de carácter directo que ya tiene como seguro ejecutor a Miguel Tornino, que estudia con los ojos entrecerrados el ángulo de tiro, el hueco que le deja la barrera, la luz que atisba entre la pierna derecha del recio mediovolante de la visita y la plata de porlan de la maceta grandota del culandrillo. Un solo grito en el estadio "Miguel, Miguel". El público de pie en ésta, la última oportunidad del Racing Club cuando sólo faltan dos minutos para que finalice el *match*. Habrá que apurarse antes de que vuelva a adelantarse la barrera o el negro insista en morder la pelota y hacerla cagar como el otro día que la pinchó el muy boludo.

Sonó el silbato. Habrá que pegarle de chanfle interno. La cara interna del pie diestro de Miguel Tornino, el pibe de las inferiores debutante hoy le dará al balón casi de costado, tal vez de abajo, con no mucha fuerza pero sí con satánica precisión para que ese fulbo describa una rara comba sobre la cabeza de los asombrados defensores, sobre el despeinado pirincho del helecho de la segunda maceta y se cuele entre el travesaño, el poste, y el postrer manotazo de la lata de aceite Cocinero que se ha lucido hasta el momento. ¡Tiró Tornino...!, Y... Se hizo mimbre en el aire el arquero ante el latigazo insólito de curva inesperada y con la punta apenas de los dedos allá voló la lata a la mierda, carajo que ladra el negro, sí mamá... sí la guardo... está bien... pero mirá vos como la viene a sacar este guacho.

CAMILO JOSÉ CELA

Escritor español nacido en 1916, que se dio a conocer internacionalmente por su novela *La Familia de Pascual Duarte* (1942), que por su desgarrado realismo representó una ruptura en la literatura española durante el período inmediatamente posterior a la guerra civil. Otras de sus obras son: *La colmena* (1951), *Baraja de invenciones* (1953), *Cajón de sastre* (1957), *Tobogán de hambrientos* (1962), lo mismo que varios volúmenes sobre viajes entre los que se destacan: *Primer viaje andaluz*, *Viaje al pirineo de Lérida* y *Del Miño a Bidasoa*. Dentro de su obra poética y teatral cabe anotar los libros: *La dudosa luz del día* y *El carro del heno*. En 1957 ingresó a la Real Academia Española, y en 1985 fue galardonado con el Premio Nobel de Literatura. Su afición al fútbol lo llevó a publicar en 1972 el libro *Once cuentos de Fútbol* con la Editora Nacional de Madrid, de donde fue tomado el siguiente cuento.

COMO A PERRO POR CARNESTOLENDAS

...Puesto sancho en la mitad de la manta, comenzaron a levantarle en alto y a holgarse con él, como con perro por carnestolendas.

Quijote

El de perro es mal oficio, un oficio sin tér-
minos medios: Se conoce que entre los perros
no hay clase media, sino áurea aristocracia y
mugriento y hambriento peonaje. Unos perros viven como duques y comen pechuguitas
de pollo y beben leche, y otros en cambio,
husmean por los mataderos, llevan palos y,
cuando viene el carnaval, salen volando por
los aires, con el espinazo partido en dos. A los
perros, por carnestolendas, les pintan a franjas
para mayor y más cauteloso escarnio propio y
regocijo de los demás, y así, cuando van por
el aire, la gente dice: "¡Parecen mariposas!" Y
disfruta honestamente y sin hacer daño a nadie
(el perro no cuenta, que para eso es perro y no
concejal, digamos, o propietario de una cadena
de tiendas de *souvenirs*).

A Blas Tronchón, Harinita, cuando terminó el partido, lo pusieron en mitad de la manta
y comenzaron a levantarle en alto y a holgarse

con él, como un perro por carnestolendas. La escena fue de mucho chiste y crueldad, y el público, mientras a Blas Tronchón, Harinita, le molían la osamenta, gozó con muy recatada compostura.

—Que no hubiera fallado el penalty, ¿verdad usted?

—Claro, eso es lo que yo me digo: que no hubiera fallado el penalty. ¡Así aprenderá a afinar la puntería!

Blas Tronchón, Harinita, tenía un chut potente y despiadado que era el orgullo de los seguidores del equipo del club y el terror de los porteros enemigos. Blas Tronchón, Harinita, era muy habilidoso y lo mismo chutaba con una pierna que con la otra; la cabeza por fuera, también la usaba bien y con oportunidad. Blas Tronchón, Harinita, era el verdugo de los penaltys, el fiero y frío ejecutor de la pena de muerte del fútbol. A veces, sin embargo, marraba el golpe y entonces sus compañeros, al terminar el partido, lo manteaban como a perro por carnestolendas, para que escarmentase.

—¿Pero qué están haciendo ustedes con ese desgraciado?

–Nada, señora; manteándolo, para que aprenda a apuntar mejor. Y además no es ningún desgraciado, que es el famoso Blas Tronchón, Harinita, nuestro delantero centro, siete veces internacional. Nosotros somos unos mandados, no hacemos más que cumplir órdenes.

–¿Del entrenador, ese fantasma sin caridad?

–No señora, de nuestras conciencias.

Blas Tronchón, Harinita, es escribiente de la fábrica de piensos compuestos Ruiz Hermanos, famosa hasta en el extranjero por la fina calidad de sus productos. Su jefe, don Felipito Lanzarote, hace gimnasia yoga, a escondidas, para que no se rían de él. Don Felipito es un enano muy aplicado, que gasta medio tacón, escribe versos y duerme de redecilla (como las tuberculosas coquetas de hace treinta años y las viudas de las brigadas del cuerpo de carabineros). Blas Tronchón, Harinita, que es un subalterno de mucha confianza, le ayuda a marcarse las ondas con saliva.

–¿Y por qué fallaste el penalty ayer, desgraciado?

—¡Cosas, don Felipito! ¡Las cosas de la vida, ya ve usted!

Cuando Blas Tronchón, Harinita, durante el manteo por los aires, aprovecha para pensar.

—Las rubias suelen ir a la tribuna y las morenas a general; se conoce que los novios de las rubias andan mejor de cuartos. Don Felipito dice que no, que eso no tiene nada que ver. Magdalenita, la del registrador, que es morena, está de novia de un mozo que acaba de heredar una verdadera fortuna, de un mozo más rico que nadie, el Samuel (que mira contra el gobierno y tiene las orejas como coliflores). Algo pasará, pero en tribuna se ven más rubias y en gallinero, en cambio, más morenas; a lo mejor es que la tuesta el sol.

¡Quién sabe!

El arte del manteo (¡se dice manteamiento, joven, se dice manteamiento!) es el hermano tonto del arte del diábolo, que es el distinguido y listo, el hermano juguetón y elegante (y distinguido y listo). En el corazón de las niñas que juegan al diábolo anida la cautelosa larva del pecado mortal, el somnoliento gusanillo que a veces, si le llegan a brotar alas de colores se convierte en caprichosa y voluble palomita. Cuando Blas Tronchón vuela por encima de las cabezas de sus manteadores (igual que flota sobre la cabeza de la niña el falso relojito de arena del diábolo), va pensando:

—A don Felipito pronto lo jubilan; a los enanos los jubilan jóvenes, para que no den lata.

Un enano latoso es malo de llevar con paciencia. Don Felipito es muy gimnástico, pero gasta tacón cubano, como los cantaores. Cuando tire otro penalty voy a poner todos mis cinco sentidos, a ver si acierto; estos bárbaros me van a moler, con tanto cumplir las órdenes de su conciencia.

Yo me quedo con los enanos sin conciencia, con los enanos desaprensivos, con los enanos desalmados; en el fondo, como casi no tienen resuello, son más llevaderos. Las morenas no tienen nada que envidiar a las rubias; al revés, tampoco. Yo no quiero hacer juicios temerarios sobre nadie, no merece la pena.

A los bomberos, cuando mantean a los damnificados de las inundaciones (por regla general, al grito de ¡viva el tumulto y el cachondeo!), les abren expediente y terminan por echarlos a la calle.

—No se lleve usted el casco; déjelo en el perchero, por favor.

—A pesar de su fea acción, lo que no suelen hacer con ellos es mantearlos como a can por antruejo (dolorosa y humillantemente). Blas Tronchón, Harinita, es un triunfador al que no se perdona que no triunfe. La gloria tiene sus exigencias, sus caprichos y sus duros portazgos.

—¿Te cambiabas por don Felipito, Blas?

—No señora.

—¿Y por un bombero?

—Tampoco.

—Entonces aguanta marea, muchacho, y confórmate con que te manteen cuando marras el golpe. Los hay que están peor.

A Blas Tronchón, Harinita, le asomaron las lágrimas al mirar.

—Sí señora, tiene usted razón. ¡Bien me hago cargo!

El de perro es mal oficio: la renta del capital está en razón directa de su riesgo. El de futbolistas es un oficio azaroso, de premios y castigos inusuales, imprevistos. Blas Tronchón, Harinita, no suele pifiar los penaltys, aunque eso de tirar penaltys tenga también sus quiebras, sus preocupaciones y su azar.

FERNANDO ALEGRÍA

Cuentista y novelista chileno nacido en 1918. Narrador y catedrático.

Entre sus obras se destacan *La maratón del Palomo, Lautaro, Caballo de copas* y *Los días contados,* entre otros.

Sus libros han sido traducidos al inglés, francés, portugués y ruso.

Durante muchos años se desempeñó como profesor en la Universidad de Stanford, Estados Unidos.

"A veces, peleaba con su sombra" fue publicado en *Siete historias de fútbol*, Editorial Extemporáneos, México, 1972.

A VECES, PELEABA
CON SU SOMBRA

En aquel tiempo a mi papá le pegaban hasta los curados. ¡A él, que fuera un día campeón de los peso medios chilenos! Recuerdo en particular un domingo en la cancha de Tropezón. Mi padre no era lo que se llama un fanático del fútbol. Se decidía a ir a un partido obedeciendo a una extraña mezcla de impulsos. Le empujaba una especie de ansiedad heroica que yo veía crecer silenciosamente durante la semana. Iba llenándole el pecho de energía mal dominada, impacientándole, tomándole arisco y enojadizo, como si los tragos que bebía solitario al anochecer le revolviesen sus memorias de boxeador y le embriagaran con un falso sentimiento de fuerza. Yo sentía esa sorda voluntad de lucha y esperaba el domingo y el viaje a la cancha con un temor escondido que, a veces, me dejaba sin aliento.

Como iba diciendo era una tardecita de diciembre, asoleada y suave, envuelta en brisas y en aromas de verdes cogollos, luminosa bajo el reflejo de los álamos y los sauces. Otros chiquillos irían al teatro, o al Parque Centenario, o al cerro San Cristóbal. Yo, de la mano de mi padre, fui a la cancha a ver jugar un equipo de Tropezón contra un combinado de Renca.

Durante el trayecto llegué a olvidar mis temores. Apretando la mano grande y dura de mi padre sentí que los oscuros presentimientos de la semana desaparecían y que, por misteriosa razón, la fuerza hostil que le creciera como una mala planta en el pecho se hacía benévola sombra ahora, protectora y alegre como el cielo de verano.

No nos sentamos en la galería. A mi padre no le gustaba. Prefería acostarse en el pasto detrás de uno de los arcos y ver de cerca las patadas al gol, especialmente los penales. Le gustaba, además, echarle tallas al potrero. ¡Dios lo perdone!

Ese domingo la gente desbordaba de las galerías amontonándose en las orillas de la cancha y molestando a los jugadores. El árbitro trataba de hacerles retroceder, pero no le hacían caso. Se metían ya en el campo y no dejaban ver las líneas de tiza sobre el pasto.

En una esquina del estadio alguien vendía licores y comistrajos. Los espectadores iban y venían desde la cancha al mostrador. En un comienzo caminaban con cierta agilidad, pero, a medida que avanzaba la tarde, los que partían no volvían, o bien regresaban a traspiés y, en casos extremos, arrastrándose en cuatro patas.

Mi papá bebía de su propia botella. Tendido en el pasto seguía las peripecias del juego y, de vez en cuando, tomaba grandes tragos de vino. Si otros se sentaban a su alrededor, les convidaba generosamente. Si estábamos solos, le ofrecía al portero mientras la pelota andaba por el otro lado.

Para comprender todo esto es preciso haber conocido el ambiente de fiesta de esa cancha dominguera en Independencia abajo. ¿De dónde venía toda esa gente? Muchos llegaban en camiones desde las chacras de Quilicura, Renca y Colina. Fueran o no aficionados al fútbol, la cancha era, el domingo por la tarde, una especie de vasto anfiteatro donde ejecutaban las ansias de aventura subyugadas durante la semana. Los chacareros aparecían entierrados, gritando y riendo, en camisa, calzados con ojotas. Se bajaban de los camiones en tropel y se iban de hacha a la cantina para borrar el polvo del guargüero con una chicha que hacía gorgoritos en los vasos. Los que debían jugar se tomaban sus potrillos con rapidez y salían de las sombras húmedas de la cantina al aire y al sol con las mejillas coloradas, los ojos chispeantes, ansiosos de correr por el campo dándoles patadas a la pelota y a sus rivales.

Los que no jugaban, las barras como se dice hoy, permanecían en el boliche despachando botellas de chicha y conversando en voz baja hasta que alguien avisaba que el partido había comenzado. Entonces salían con aire indeciso, sin reconocer el camino, olvidados hasta de la ocasión que les reunía, y, de a poco, se iban acercando al portón del estadio. En la cantina quedaban algunos de espíritu poco deportivo, o individuos de larga experiencia, sabiendo que allí volverían todos, tarde o temprano.

Los jugadores corrían por el campo como una tropilla de caballos. Algunos uniformados, la mayor parte sin camisa y en calzoncillos. Los porteros se ponían pantalones largos para no lastimarse las rodillas. El centro *forward* de Renca jugaba a pata pelada, en cueros, con un pañuelo sucio amarrado en la frente. Era famoso por sus goles de puntete y ocasiones hubo en que reventó una pelota alcanzándola bien y de voleo.

Bueno, el caso es que la canchita parecía una alegre fonda con sus banderas chilenas de papel, sus eucaliptus y sus álamos meciéndose en el aire, su olor a pasto, su acequia verde y cantora, sus bajas paredes de adobe, su alto cielo azul, tan tranquilo, tan fresco, tan dominguero, y toda esa gente ya ebria y contenta antes de que concluyera el primer tiempo preliminar.

Pero mi papá se aburría. En primer lugar, se aburría del partido. No era el fútbol su dovoción, como he dicho, sino un pretexto. En seguida, se impacientaba conmigo. Quería que yo corriera y jugara con los otros chiquillos en la acequia, pero yo prefería estar sentado a su lado. En cierto modo, extraño para un niño de once años como era yo entonces, sentía la necesidad de cuidarlo, de no abandonarle, de evitar el percance que, sin confesármelo, veía venir y que me causaba un malestar en el estómago, una ansiedad enfermiza y unas ganas de esconderme y esconderlo a él, protegiéndonos de todo el mundo. De tal cosa no decía nada, por cierto. Estar en la cancha así, en medio de la tarde, era ya flotar en medio del mar, a la deriva.

Al aburrirse empezó a echarle boca al portero.

¡Atájela con las huevas!, le dijo cuando le pasaron un gol. Y el otro le miró de reojo, con ira asesina, por debajo del jockey que se había puesto para imitar a los porteros famosos.

Como no le respondiera, dirigió entonces sus observaciones contra uno de los linesman.

¡Pero, señor, métase la bandera por el poto!, le decía cada vez que el otro señalaba una infracción. El aludido, un colorín flaco, alto, que se amarraba los pantalones con una pita y que era dependiente de una Agencia de Montepío del barrio, le soportó un rato y, luego, le acusó al árbitro. Vino éste a llamarle la atención y a pedirle en forma muy comedida que dejara en paz al portero y al linesman.

–Si no se comporta como es debido –le dijo– tendré que llamar a la fuerza pública.

Acto seguido, tocó el pito.

–¿Por qué no me toca este otro pito si le gusta tanto?

El árbitro, que era un hombre bajo y gordo, con grandes bigotes colorados, y que corría abierto de patas como si así pudiera abarcar más cancha, quedóse mirándole sin pestañear y pareció que ahí se armaría la rosca. Pero no dijo nada.

Continuó el partido.

Mi padre se levantó, entonces, y caminó hacia la venta de vino. Noté su paso inseguro, la espalda más curvada que de costumbre, la botella vacía en la mano, a la vista de todos –cuando antes la llevaba envuelta en un diario o debajo de la chaqueta–, el pelo ya revuelto... Lo seguí a pocos pasos sin que él se diera cuenta. Le vi meterse en el grupo de borrachos que se agolpaban frente al mostrador y sobresalir entre ellos, con sus espaldas anchas y recias y su cuello firme y su hermosa cabeza de abundante pelo crespo, castaño.

Me quedé esperándole a la orilla del grupo.

De repente, alguien le tiró un vaso de vino a otro en la cara. Y comenzaron a pelear. No recuerdo quiénes eran, no recuerdo caras, sólo las dos figuras de los borrachos mancomunados, llenos de tierra, revolcándose incapaces de pegarse, apretándose y rompiéndose las camisas y, después les vi rodar por una pequeña pendiente y caer adentro de la acequia. Los demás gritaban y aplaudían desde arriba.

Uno de los caídos se levantó y le pegó una patada en las costillas al otro. Una patada sin entusiasmo, sin puntería, una especie de pase corto, algún amigo del golpeado no aceptó esa agresión que le pareció traidora y, desde lo alto, se echó encima de los contendientes. Los tres rodaron por el pasto. Y entonces, sucedió lo que yo sabía que iba a suceder esa tarde. Mi padre se abrió paso a empujones y se lanzó a la pelea. Y a él le siguieron otros y pronto la cancha, en la zona del córner, se transformó en un campo de batalla.

A pesar del vino y ese cansancio que era ya su marca personal, en los primeros minutos de la pelea mi papá fue todavía el Camión Morales, campeón de los pesos medios. Mientras su adversario se lanzaba atropellando como un toro, con la cabeza gacha, los ojos cerrados y la guardia abierta, mi papá saltaba con agilidad y gracia, en la punta de los pies, finteaba con ambas manos y recibía al atacante con un jab de izquierda que, dándole en la nariz o en la boca, le hacía levantarse desconcertado y retroceder para intentar una nueva embestida.

Los espectadores advirtieron que allí había un boxeador de clase y, desinteresándose en las demás contiendas, le rodearon a él celebrando sus maniobras y vitoreándole con entusiasmo.

Pero el tiempo pasaba, el golpe decisivo no se producía –mi padre había perdido su famosa pegada– y mientras el borracho empecinado, furioso, molesto pero no herido por los débiles golpes del campeón, recuperaba sus sentidos y creía en fortaleza, mi padre se fue desintegrando, no saltaba ya, empezaron a temblar las rodillas, no pudo mantener en alto sus brazos y, al hacer un quite, tropezó y cayó.

Montando sobre el pecho de mi padre, el borracho empezó entonces a golpearle en la cara. Entre las patas de los mirones que se empujaban, bajo la polvazón, vi su rostro ensangrentado, la angustia en sus ojos, la derrota en su boca torcida, hinchada sin voz, sin aliento.

El combate había concluido. Vinieron los pacos, se llevaron al borracho y dejaron a mi padre, sentado en el suelo, secándose las heridas, limpiándose los labios con un pañuelo. Los demás pasaron por su lado sin prestarle atención. Alguno le miraba de cerca y le sonreía burlonamente.

Entonces, cuando en medio de la muchedumbre nos quedamos solos, él y yo, cuando desaparecieron para nosotros los ruidos y las palabras, y la tarde volvió a sentirse fresca y soleada, y el mundo se detuvo empujándonos en silencio uno contra el otro, él me miró tristemente, como queriendo arrastrarme al fondo de su pena, hundirme en su solitaria amargura. Yo, pálido, temblando, mantuve un momento su mirada, pero no lloré, le dejé caer solo en ese vacío que se iba abriendo como un sollozo a su alrededor.

Después se levantó y caminó hacia la calle sin decirme nada. Yo le seguí y, de este modo, él adelante y yo atrás, anduvimos una cuadra. Ya no se tambaleaba. Sus pasos eran firmes y mantenía la cabeza enhiesta. Pero en los hombros yo le veía el peso que me era familiar, ese peso hecho de soledad que llevaba a cuestas como un par de alas, alas de pájaro de presa que ya no vuela. Así caminaba, como un águila abatida a lo largo de paredes interminables.

Al subir al tranvía me tomó de la mano. Quise esquivar la suya, pero me la cogió con fuerza. Nos sentamos uno junto al otro.

De pronto, se dejó venir el crepúsculo. Cayeron, como grandes telones, los cielos de la tarde sobre las casas de ladrillo del barrio Independencia. Pareció cambiar el aspecto de las gentes: salían del sopor del verano con una mirada nueva, un tanto febril, como si en el atardecer hubiesen recibido secretas llamadas y presentimientos de una nueva vida. Se encendieron los faroles de las calles y, en vez de alumbrar, crearon otra forma de oscuridad, más inquietante, adherida a las raíces de los árboles. Yo miraba por la ventanilla del tranvía, queriendo olvidar la sombra maciza que llevaba a mi lado. Cuando nos bajamos era ya de noche. Y caminando hacia el pasaje, por ese suelo de piedras sueltas, entre paredes que ya había acabado con el cielo, se me vino encima la amargura, desde todas partes, sacudiéndome el pecho, oprimiéndome, doliéndome como una garra en el pescuezo. Levanté la mirada. Mi padre se había hecho más alto, tocaba las estrellas con su cabeza descubierta. No le veía los ojos, pero se los adiviné tranquilos. Entonces, sollozando en silencio, le tomé la mano y se la besé. Acaso estaba ensangrentada aún. O se la mojé con mis lágrimas. Él siguió andando como si no hubiera notado mi gesto.

Al entrar en la casa, donde vivíamos solos, en el pasadizo oscuro me acarició la cabeza, me empujó hacia el cuarto que nos servía de comedor, de sala, de todo, encendió la luz y me acomodó en la mesa. Después salió hacia la coCina y oí cómo carraspeaba, tragando fuerte, buscando un vaso con mano insegura.

CONTENIDO

www.ingramcontent.com/pod-product-compliance
Lightning Source LLC
Chambersburg PA
CBHW050544160726
48003CB00002B/747